Contraste insuffisant

NF Z 43-120-14

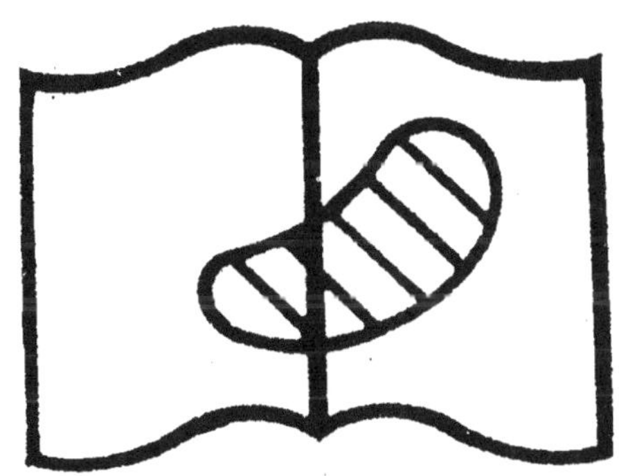

Illisibilité partielle

VALABLE POUR TOUT OU PARTIE DU
DOCUMENT REPRODUIT.

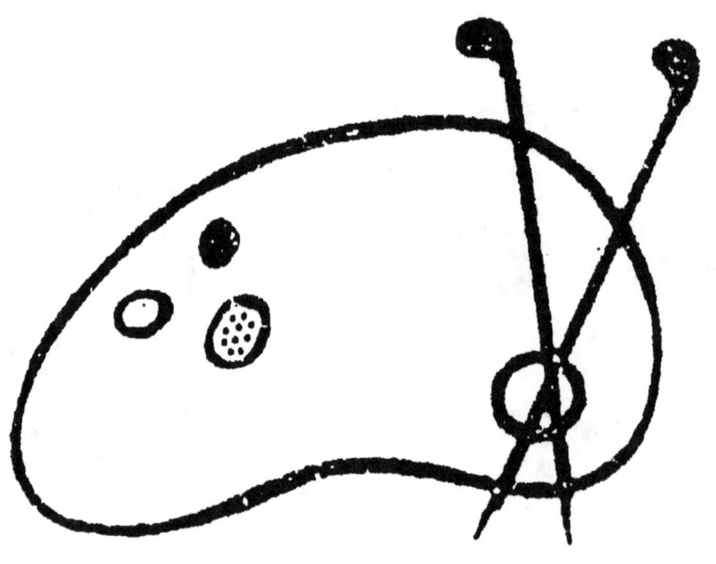

Couvertures supérieure et inférieure
en couleur

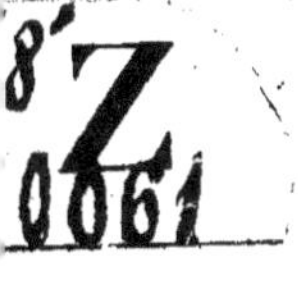

LE ROLE ET LES ASPIRATIONS

DE

LA GRÈCE

DANS

LA QUESTION D'ORIENT

PAR

D. BIKÉLAS

PARIS

AU CERCLE SAINT-SIMON

215, BOULEVARD SAINT-GERMAIN

1885

PUBLICATIONS DU CERCLE SAINT-SIMON
N° 3.

LE ROLE ET LES ASPIRATIONS

DE LA GRÈCE

DANS LA QUESTION D'ORIENT

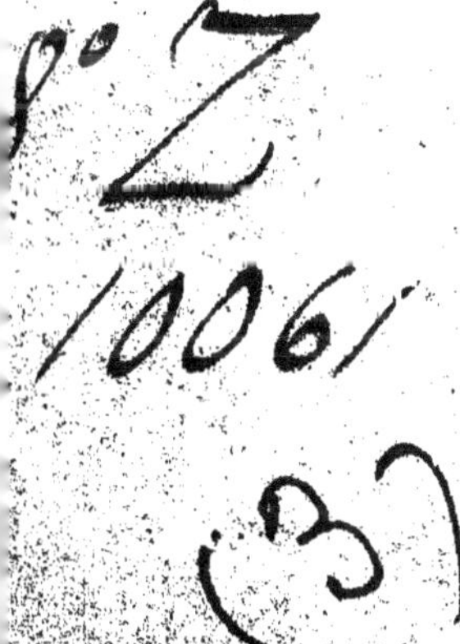

LE ROLE ET LES ASPIRATIONS

DE

LA GRÈCE

DANS

LA QUESTION D'ORIENT

PAR

D. BIKÉLAS

PARIS

AU CERCLE SAINT-SIMON

215, BOULEVARD SAINT-GERMAIN

—

1885

LE ROLE ET LES ASPIRATIONS

DE LA GRÈCE

DANS LA QUESTION D'ORIENT

MESSIEURS [1],

Je sens que venant, en ma qualité de Grec,
ous parler de la Grèce, votre sympathie ne me
fera pas défaut. Et pourtant, j'aurais souhaité
que ma tâche eût été entreprise par un autre
qu'un Grec. Quand on parle de son pays, on
est astreint à des réserves, à des restrictions,
qui souvent empêchent de dire toute sa pensée.
Un étranger, libre de telles entraves, n'en peut
qu'être un meilleur défenseur de la cause qu'il
épouse. Il est vrai que là encore, il y a un autre
écueil : dans le désir de mieux servir ses pro-
tégés, l'étranger court parfois le risque de se

1. Conférence faite au Cercle Saint-Simon, le 2 décembre 1885.

laisser un peu trop dominer par son zèle d'avocat. Peut-être y a-t-il du bon, après tout, à ce qu'il y ait des entraves. Je m'y soumets volontiers, et je vous promets, surtout, de ne point m'écarter de ce que je crois être la vérité historique, dans ce que j'aurai à vous dire sur le rôle et les aspirations de la Grèce dans la question d'Orient.

Cette question est de vieille date. Elle a traversé des phases différentes, elle a successivement pris des formes diverses, mais elle n'en a pas moins existé durant cinq siècles. Elle commence du jour où les Turcs ont mis le pied en Europe. Si je ne craignais qu'on ne me demandât de *passer au déluge*, je dirais même qu'elle date du temps où les Turcs apparaissent dans l'Asie Mineure, comme une menace contre la chrétienté. Constantinople ne tomba pas du jour au lendemain. L'empire byzantin, malgré sa décrépitude, soutint la lutte durant près de deux siècles. Il a eu l'agonie aussi longue et la mort aussi difficile que l'état Ottoman qui lui a succédé. A la fin, Constantinople fut pris et les Turcs s'établirent définitivement en Europe.

Dès lors la question d'Orient s'impose aux nations de l'Occident. Il s'agit de leur propre existence. Les Turcs ne cachent pas leurs desseins sur l'Italie ; la Hongrie ne tarde pas à devenir une province ottomane ; Vienne est plus d'une fois menacée. La conquête ottomane devient un danger pour l'Europe tout entière. Il faut s'y opposer. Voilà la première phase de la question d'Orient. Elle a duré près de deux siècles, jusqu'à ce que la bataille de Lépante eût détruit la prépondérance navale de la Turquie, et que la victoire de Sobieski eût arrêté à jamais les envahissements militaires des Ottomans. Désormais l'Europe n'a plus à craindre de ce côté et, par conséquent, elle paraît se désintéresser de la question d'Orient. Du moment que le Sultan cesse d'être redoutable, on se résigne à le laisser régner à Constantinople, sans trop se préoccuper du sort des chrétiens qu'il opprime.

Tandis que l'Occident se désintéresse de la lutte contre l'Osmanli, un nouvel ennemi surgit pour lui du Nord. Celui-ci est d'autant plus dangereux qu'il n'est point divisé par les rivalités qui affaiblissaient l'action de l'Europe occidentale. La Russie n'a que ses propres intérêts à servir et que ses propres conseils à suivre. Elle est d'autant plus forte qu'elle inspire plus de confiance aux nations chrétiennes de l'Orient, dont elle partage la foi. Elle a, de plus, l'immense avantage d'apparaître sur la scène lorsque la décadence de la Turquie a déjà commencé. Mais, par cela même, c'est elle qui finit par devenir, à son tour, un danger pour l'Europe. On ne veut point voir, à Constantinople, le

Turc affaibli faire place à une nation pleine de sève et d'ambition. L'Occident recommence à s'intéresser à la question d'Orient.

Bientôt un autre élément vient changer l'aspect de cette question. Les peuples soumis à la Turquie se mettent à revendiquer leur indépendance.

La Russie a beaucoup fait pour réveiller les aspirations nationales de ces peuples. Ce n'est pas à elle seule que la plupart d'entre eux doivent leur émancipation. Il y en a qui l'ont accomplie par leurs propres efforts et par l'assistance, quelquefois tardive, d'autres puissances. Cependant, il n'en reste pas moins vrai que c'est à la Russie que revient de droit une large part de leur reconnaissance. Elle en a assumé la protection dans la période de leur détresse. Elle n'y a d'abord vu que des coreligionnaires, gémissant sous le joug des infidèles. Puis, subordonnant le sentiment religieux aux considérations de race, elle se fit le champion exclusif de ses congénères slaves. Pourtant, si l'on en pouvait juger par ce qui se passe en ce moment, on dirait que le drapeau du slavisme ne paraît pas destiné à lui servir mieux que le drapeau de l'orthodoxie, auprès de ces nations transformées en États. En faut-il chercher l'explication dans l'ingratitude proverbiale des peuples, ou bien dans un sentiment de méfiance, plus ou moins fondée, quant au désintéressement de ce trop puissant protecteur ?

Quoi qu'il en soit, à partir du réveil des peuples chrétiens de la Turquie, la question d'Orient entre dans une nouvelle phase. La Révolution grecque en est le point de départ. Après dix années de luttes meurtrières et de négociations diplomatiques, elle aboutit, il y a plus d'un demi-siècle, à la formation d'un État, petit, mutilé, privé, comme à dessein, des moyens de subsister, mais enfin du premier État indépendant, taillé dans les conquêtes des sultans.

Depuis, les autres peuples de l'Orient obtiennent successivement leur émancipation ; les Principautés Danubiennes se transforment en royaume de Roumanie ; la Serbie, devenue à son tour un royaume, s'agrandit en se détachant tout à fait de la suzeraineté ottomane ; la Bulgarie et la Roumélie orientale sont constituées en principautés tributaires ; la Grèce et le Monténégro obtiennent des agrandissements. La question d'Orient paraît enfin se rapprocher d'une solution, par la formation graduelle d'une confédération d'États chrétiens. Cette solution n'aurait pas tardé à s'imposer, si tous ces peuples, s'unissant dans un but commun, étaient arrivés par des concessions mutuelles à un compromis, indiqué par la justice autant que par leurs véritables intérêts.

Malheureusement, nous n'en sommes pas

encore là. Des rivalités de race, des jalousies et des ambitions habilement fomentées divisen: ces peuples. Au lieu de s'entendre entre eux, nous avons vu les Serbes et les Bulgares s'acharner dans une guerre fratricide et laisser à la Turquie les mains libres dans ses démêlés avec la Grèce, qui s'apprête, de son côté, à affronter les chances d'une lutte inégale. C'est là le spectacle qui étonne et qui attriste en ce moment l'Europe.

Avant de nous y arrêter, revenons sur nos pas pour jeter un rapide coup d'œil sur le rôle de la Grèce dans les diverses phases de la question d'Orient, qui ont précédé la complication actuelle.

Depuis la chute de Constantinople jusqu'à nos jours, au milieu des angoisses d'un esclavage de quatre siècles, comme à travers les vicissitudes de jours meilleurs, mais non moins difficiles, les Grecs n'ont jamais désespéré de l'avenir. Ce n'est pas un vain orgueil de race déchue qui produisait cet optimisme national. C'est que, — même durant les deux premiers siècles de la conquête, tandis que la main du Turc, tout-puissant encore, s'appesantissait sur eux, — ils se rendaient compte des éléments latents qui faïsaient leur force et leur vitalité. Car, Messieurs, il faut faire une distinction entre l'Empire byzantin et le peuple grec. Le premier a péri avec la chute de Constantinople ; le second renaît à dater de cette catastrophe.

Il ne faut pas médire de l'Empire byzantin. Il avait une grande mission à remplir, et il l'a remplie. Il a conservé les traditions de la civilisation antique au milieu de la barbarie asiatique et de la barbarie de l'Europe du moyen âge ; il n'a péri que lorsque l'Europe était déjà prête à recevoir l'héritage précieux dont cet empire s'était fait le gardien. Sa longue existence n'a pas été sans gloire. L'Empire d'Orient a laissé des traces profondes dans l'histoire du monde et dans les contrées qu'il a occupées. Mais cet Empire, quoiqu'il absorbe et qu'il représente le moyen âge grec, n'était grec que de langue ; l'idée de la patrie grecque n'y existait pas. Il n'acceptait même pas le nom d'empire grec dont l'Occident le qualifiait. C'était toujours l'empire romain. Ses empereurs et ses peuples se glorifiaient d'en conserver le nom. Il y avait toujours la fiction romaine, et c'est elle qui le perdit. Ses derniers empereurs auraient pu transformer l'État romain qui se mourait en un État national, lever l'étendard de l'Hellénisme au-dessus du Labarum et de la Croix. Ils en ont eu comme le sentiment, mais sans avoir eu la force ou la volonté de l'accomplir.

On vient de publier, tout récemment, deux ouvrages qui me paraissent témoigner suffisamment de ce qu'un gouvernement national aurait alors pu trouver de ressources sous l'écorce vermoulue qui enveloppait l'Hellénisme. Le premier de ces livres est écrit en français : c'est la *Bibliographie des ouvrages publiés en grec par des Grecs au* xve *et au* xvie *siècles* par M. Émile Legrand. Les deux forts volumes qui le composent font le plus grand honneur à leur savant auteur, mais ils n'en font pas un moindre à ces Grecs qui, au lendemain même de la catastrophe, se mettent à l'œuvre, ne perdant point l'espoir de la réparer. Dans les excellentes notices biographiques, qui précèdent cette bibliographie raisonnée, aussi bien que dans les lettres inédites qui en forment l'appendice, nous voyons ces savants toujours préoccupés du sort de leur race. S'ils vivent dans leur pays, ils entretiennent le sentiment national, rien que par leurs lamentations sur l'état où il se trouve plongé. S'ils vivent à l'étranger, ils se font autant d'apôtres de l'Hellénisme. Ils s'en vont de pays en pays et de cour en cour solliciter des secours ou tout au moins la sympathie pour leur infortunée patrie. Ceux qui jouissent d'une haute situation, un Bessarion, un Lascaris, s'appliquent à provoquer une nouvelle croisade, en usant de leur influence auprès des princes, des papes et des rois. Ils prouvent tous, par eux-mêmes et par leurs écrits, que la Grèce n'est pas morte.

L'activité intellectuelle ne suffit pas à démontrer la vitalité d'un peuple ; elle en est plutôt l'indice, l'émanation extérieure. Ce n'est pas à coups de plume qu'on peut se défendre contre l'ennemi. Mais il y avait aussi chez le peuple grec des qualités militaires que l'empire de Constantinople ne sut point exploiter. M. Sathas nous en a recueilli et présenté les preuves dans le second des ouvrages dont je viens de parler. C'est un travail sur le rôle des *stradiots* grecs en Occident.

A peine la conquête ottomane était-elle achevée, que nous voyons ces bandes, recrutées d'abord par Venise, se mettre à la solde des princes de l'Europe et figurer parmi la fleur de leurs armées. Elles jouent un rôle important dans les guerres de Charles VIII, et, plus tard, dans celles de François Ier, en Italie. On les retrouve, rangées sous le drapeau de la France, contre Henri VIII d'Angleterre ; on les rencontre dans les longues luttes de Charles-Quint et de ses successeurs contre les Hollandais.

Et il ne faut pas penser que tout ce qu'il y avait d'esprit guerrier en Grèce, ne se trouvait que dans les rangs de ces *stradiots*. Les Klephtes et les Armatoles ne sont point d'origine récente. Il y eut, de tout temps, en Grèce, des gens armés qui, se retranchant dans les montagnes, protestaient contre la domination turque. Il n'y a pas jusqu'au système barbare employé par les sultans, pour recruter leurs corps de janissaires, qui ne montre ce que l'on pouvait tirer des ressources militaires de la nation grecque. L'empire byzantin ne sut pas les utiliser. Il combattit, il est vrai, jusqu'à la fin, mais c'est surtout aux alliés et aux mercenaires étrangers qu'il avait recours ; le dernier des empereurs mourut en brave, mais il ne mourut pas en combattant à la tête d'une armée nationale (*Voir appendice, note A*).

Aussitôt la catastrophe accomplie, les symptômes du réveil se font jour. Partout où il y a moyen de donner signe de vie, on s'agite et l'on complote. Ne se sentant pas de force à soutenir la lutte sans un secours étranger, on s'adresse aux chrétiens de l'Occident ; on implore leur aide, on promet de se soulever au premier signal. En effet, les Grecs se saisirent de toutes les occasions pour opérer des soulèvements qui, réprimés bientôt après, n'amenaient qu'une aggravation de leur servitude. Mais tous ces mouvements, tous ces soulèvements infructueux tendaient à établir leurs droits sur la question d'Orient. Ils en faisaient une question grecque.

Les adversaires de la Turquie, de leur côté, étaient bien loin de négliger le facteur grec dans leurs desseins contre l'ennemi commun de la chrétienté. C'est le rétablissement de l'empire grec que rêvait Charles VIII. Il recherchait l'appui des Grecs à cet effet. Lascaris, s'attachant à lui, le suivait de Rome à Paris. Arianite, chef de ses *stradiots*, tenait les fils d'une conspiration, qui devait préparer la révolte des Grecs, aussitôt que le roi de France débarquerait au milieu d'eux. La mort le surprit au milieu de ces desseins.

Nous n'insistons pas sur les divers projets d'une nouvelle croisade, ou sur les révoltes provoquées en Grèce avant et après la bataille de Lépante. On connaît les négociations des Grecs de Cypre et du Magne tantôt avec le duc de Savoie, tantôt avec le duc de Nevers qu'ils appelaient à venir ressusciter l'empire, dont il se prétendait l'héritier comme descendant des Paléologues. Tous ces beaux projets, tous ces complots n'aboutirent à rien. De tous les États européens il n'y eut que Venise qui fit une guerre persistante et souvent heureuse contre les Turcs. Mais la politique égoïste et mercantile de cette république, n'était pas faite pour lui attirer la confiance des autres États de l'Europe, ou le dévouement des peuples qu'elle dominait.

Du reste, dans tous les rapports des Grecs avec l'Occident, durant les deux premiers siècles de la conquête ottomane, il y eut toujours un nuage. C'était le schisme religieux. On n'était pas sans compassion pour ces chrétiens égarés ; mais, avant tout, on voyait en eux des hérétiques qui méritaient la punition du ciel. Les Grecs, de leur côté, conservaient les antipathies qui avaient fait avorter l'union projetée à la veille de la chute de Constantinople. Ils restaient toujours attachés à leur église, et cela d'autant plus que le conquérant l'avait entourée de privilèges, qui lui donnaient un semblant d'existence indépendante, au milieu de la servitude. Sous l'égide du patriarcat, les Grecs se retrouvaient comme nation. C'était là, pour eux, un souvenir du passé et une espérance pour l'avenir.

Ainsi passèrent deux siècles entiers. Puis, vint une période de découragement. L'Europe ne se préoccupait plus de l'Orient. Les Grecs s'en voyaient complètement oubliés. Ils ne savaient pas que la décadence de la Turquie avait déjà commencé. Au contraire, ils voyaient l'île de Crète tomber au pouvoir de la Porte, et Venise se maintenir avec peine dans la Morée qu'elle devait aussi perdre bientôt. Les défaites des Turcs, au nord, coïncidaient avec leurs dernières conquêtes dans le midi, et les Grecs étaient trop opprimés par leurs maîtres pour que les échecs des armées turques devant Vienne pussent les consoler. La dernière moitié du XVIIe siècle fut la période la plus cruelle qu'il eurent à traverser.

Mais, dès le commencement du XVIIIe siècle, l'espérance renaît. La Russie apparaît sur la scène. Les Grecs tournent avec confiance leur regards vers la puissance du nord, qui partage leurs croyances et leur prodigue des promesses et des encouragements. Durant tout ce siècle, les Grecs deviennent le pivot de la politique russe en Orient. On ne parle pas de Slaves à Saint-Pétersbourg ou à Moscou. Pierre le Grand fait graver son portrait avec l'inscription *Russo-grecorum monarca;* l'impératrice Anne continue d'agir sur les Grecs, en vue d'un mouvement révolutionnaire; Catherine II expédie de la Baltique une flotte dans les mers grecques, pour y soutenir l'insurrection concertée d'avance ; plus tard, elle donne au deuxième de ses petits-fils le nom significatif de Constantin, et le fait élever par des nourrices grecques. C'est un futur empereur grec qu'elle prépare en lui. En même temps, elle arrête, avec l'empereur Joseph II, le partage de la Turquie, d'après le fameux projet grec. L'Autriche et la Russie s'agrandiraient en s'annexant les provinces qui les avoisinent ; un état roumain serait formé sous le nom de Dacie ; et le Turc une fois dépossédé de Constantinople, l'empire grec y serait rétabli. Voilà les bases de ce projet. C'étaient les desseins de Charles VIII ou du duc de Nevers mieux élaborés, et ayant d'autant plus de chance de réussir qu'ils répondaient mieux aux aspirations à la fois religieuses et patriotiques des Grecs.

Pourtant la confiance de ceux-ci dans la protection de la Russie avait déjà été ébranlée par l'issue de l'insurrection qui éclata en 1770, à l'apparition de la flotte russe sous les Orlof. La guerre turco-russe fut terminée par un traité de paix dans lequel les Grecs furent oubliés tout à fait. Les Russes une fois partis, ils restèrent exposés à toutes les fureurs de leurs anciens maîtres. La vengeance des Turcs fut terrible.

Cependant, cette révolte manquée ranima, au lieu de les éteindre, les espérances des vaincus. C'était la première tentative sérieuse d'un soulèvement général. Ce n'était encore qu'un essai, et un essai malheureux, mais il montrait ce qu'on était capable d'accomplir dans des circonstances plus favorables. On ne perdit donc pas courage ; on ne cessa même pas de lutter. Et, ce ne sont pas seulement les Klephtes qui soutiennent la lutte dans leurs montagnes ; on ose, dès lors, affronter les flottes de la Turquie. Encouragé par les premiers succès de ces courses maritimes, Lambros Catsonis arme, vers 1788, une véritable flottille, à l'aide de contributions patriotiques, et tient, durant quatre ans, l'étendard de la croix déployé dans les mers grecques. Ce ne fut qu'en 1792, que ses vaisseaux purent être détruits par la flotte turque.

La Grèce était encore dans l'effervescence produite par l'action infructueuse de la Russie lorsqu'éclata la Révolution française. Ce grand événement eut une influence très considérable sur les destinées de la Grèce ; il accéléra le travail du réveil national. Dans tout ce qui se passait alors en France, les Grecs ne virent et ne comprirent qu'une chose : c'est qu'un peuple qui a la volonté, possède aussi la force de conquérir sa liberté, en renversant un gouvernement qui l'opprime. Deux apôtres de ce nouvel évangile, Rigas et Coraï, travaillèrent, chacun par des moyens différents, à remuer les esprits, en propageant les idées et les principes de la Révolution française.

Du reste, les événements ne tardèrent pas à mettre les Grecs en contact direct avec les Français. Ce fut d'abord l'expédition d'Egypte. Aux yeux des Grecs, cette expédition prenait le caractère d'une guerre de la civilisation contre la barbarie, du Chrétien contre le Musulman. Quelque temps après, le drapeau français flottait sur les îles Ioniennes et sur les côtes de l'Epire. A son apparition, les espérances d'une délivrance prochaine prirent un nouvel essor. Elles étaient tenues en éveil par la politique même de Napoléon qui faisait, lui aussi, entrer le facteur grec dans les plans grandioses que nourrissait alors son imagination audacieuse. Dès 1797, il envoyait en mission les Stéphanopoli, Corses d'origine grecque, dans le but de s'entendre avec les Grecs du Magne. Rigas s'adressait aussi, de son côté, au général français victorieux, invoquant l'aide de la France dans le mouvement national qu'il préparait. En un mot, à partir de la Révolution française, les Grecs tournent leurs regards du côté de l'Occident avec plus de confiance que jamais.

Malheureusement leurs espérances furent de nouveau déçues. Ils ne tardèrent pas à voir qu'ils ne pouvaient pas compter sur l'assistance de l'Europe. Encore une fois, ils se retournent vers la Russie. Ils y retrouvent la communauté de croyances religieuses et une haine commune contre les Turcs. Mais, tout en fondant sur le secours de la Russie leurs espérances pour la réussite de leur soulèvement, les Grecs sentent que par leur origine, par l'histoire, par leurs traditions et leurs tendances, ils sont attachés à l'Occident ; que par leur situation géographique, ils complètent la chaîne de la grande famille européenne. C'est de la vie de l'Europe moderne que la Grèce aspire à vivre. En s'efforçant de briser ses fers, c'est à l'Occident qu'elle adresse ses appels ; elle se réclame de la Grèce antique, l'aïeule commune. La révolution grecque est un réveil de l'Hellénisme ; ce n'est pas la résurrection de l'idée byzantine.

Il est à remarquer que la séparation entre l'Hellénisme et la tradition Byzantine ne s'est pas établie d'un seul coup et d'une façon claire et décisive. Le travail a été long et latent. Il ne pouvait pas en être autrement. L'Empire romain avait jeté de profondes racines dans le sol grec; il était devenu grec de langue et de civilisation; la religion chrétienne avait cimenté l'union entre l'État et le peuple. A partir de la décadence de l'Empire, avant même la chute de Constantinople, l'Hellénisme commence à se dégager peu à peu des liens romains qui l'enveloppaient. Mais la tradition byzantine persiste dans l'Eglise, même après la chute de l'Empire. Sous la domination turque, cette église représente encore le pouvoir temporel, subjugué, mais non disparu. Ses pompes et son cérémonial, ses offices où l'on prie encore Dieu « d'accorder aux empereurs des victoires contre les barbares », où l'on fait encore la commémoration des événements de l'histoire byzantine, tout tendait à entretenir le souvenir de cette histoire et à y rattacher les aspirations des Grecs opprimés. Tous les projets avortés d'une reconstitution de l'Empire, depuis Charles VIII jusqu'à Catherine II, étaient autant de confirmations, autant d'encouragements de la tradition byzantine. Mais, à côté d'elle, l'idée hellénique se fait jour de plus en plus. Et c'est surtout dans les contrées helléniques par excellence, qu'elle prend naissance et qu'elle se développe.

Ainsi, un demi-siècle avant la révolution de

la Grèce, tandis que Catherine II élaborait son projet grec et que les habitants de la Morée l'imploraient pour qu'elle vînt à leur secours, ceux-ci ne s'en tiennent plus aux traditions des Comnènes et des Paléologues. C'est la mémoire glorieuse de leurs aïeux plus reculés qu'ils invoquent. C'est des leçons de la Grèce antique qu'ils s'inspirent. « Délivre, lui écrivaient-ils, » délivre les descendants des Athéniens et des » Lacédémoniens du joug accablant sous le- » quel gémit une nation dont l'esprit n'est pas » éteint, que brûle l'amour de la liberté. Nos » lourdes chaînes n'ont pas pu l'étouffer, car » nous avons toujours devant les yeux le sou- » venir vivant des actions héroïques de nos » ancêtres. »

De même, en 1821. Dans la pensée de ceux qui préparèrent l'éclosion du mouvement national, la tradition byzantine tenait autant de place que l'idée hellénique. Le poète Rigas adressait ses appels ardents à tous les chrétiens soumis au joug; il les appelait « à allumer un » incendie qui embraserait la Turquie, de la » Bosnie jusqu'à l'Arabie ». Tant que les agissements secrets de l'Hétairie eurent pour centre Constantinople, tant que les conspirateurs ourdirent leurs plans de révolte à l'ombre de l'église profanée de Sainte-Sophie, les aspirations nationales se confondirent avec les espérances d'une restauration de l'empire. Aussi, la révolution commence-t-elle d'abord sur les rives du Danube, avant d'éclater sur les côtes de la mer Egée. Autant qu'il est possible d'attribuer un plan défini aux organisateurs de ce premier mouvement, ce plan paraît avoir été de faire converger l'attaque des extrémités sur la capitale, et d'y réédifier l'empire grec. C'était le projet grec de Catherine II.

Ce projet n'était pas, à ce moment, aussi chimérique qu'il en a l'air aujourd'hui. Le sentiment de nationalité n'avait pas encore été éveillé chez tous les autres peuples de la péninsule. La religion les unissait en face de l'oppresseur commun. Ils se sentaient, avant tout, chrétiens, et l'hégémonie grecque n'avait rien alors qui pût leur rendre odieuse l'idée de s'y soumettre pour former un État chrétien. Il est vrai que la Sainte-Alliance était alors toute-puissante, que la Russie, dès le premier moment, répudiait le mouvement insurrectionnel, et que l'Europe tout entière le combattait par l'action de ses gouvernements. Néanmoins, il y avait à cette époque des chances de réussite qui ne devaient plus se représenter. Si la révolution avait été mieux organisée, si Ypsilanti eût été un homme de génie, comme Washington ou Bonaparte, la Grande Idée aurait pu être réalisée alors. C'était le moment ou jamais. Il en fut autrement. L'insurrection fut bientôt réprimée en Valachie, et la lutte pour l'indé-

pendance se trouva restreinte dans les limites
de la mer Egée.

Dès lors l'idée byzantine recule devant l'idée
grecque, et la révolution assume un caractère
exclusivement hellénique. A partir de la formation du nouvel État grec, les aspirations nationales revêtent de plus en plus ce caractère
hellénique.

Il ne faut pas oublier que, pendant la domination turque, Constantinople, siège du patriarcat, avait été la véritable capitale de la
nation grecque ; elle contenait, comme elle
contient encore aujourd'hui, la plus grande
agglomération de Grecs rassemblés dans une
cité ; la renaissance intellectuelle des Grecs
avait fait sa principale éclosion dans le milieu
cultivé qui s'y était formé ; l'aristocratie du
Phanar contenait la fleur de la nation. C'était
la ville grecque par excellence, et tout y rappe-
lait les traditions byzantines. Depuis l'existence
d'un royaume grec, le centre de l'hellénisme s'est
déplacé. Il a passé de Constantinople à Athènes.
Le noyau de l'avenir grec, c'est le petit État au
bord de la mer Egée. C'est lui qu'il faut agran-
dir en réparant l'injustice commise lors de sa
formation. A mesure qu'il s'agrandit et qu'il
devient plus prospère, il exerce une influence de
plus en plus grande sur les congénères qu'il ne
peut pas prétendre à s'annexer, mais dont l'existence nationale ne peut pas lui être indifférente.

On ne pense plus à reconstituer l'empire d'Orient; on ne le peut pas, et l'on en prend son parti. Mais, plus on se sentira de forces, plus on concentrera ses efforts pour empêcher que d'autres rivaux ne s'érigent en successeurs des Turcs, successeurs d'autant plus dangereux, qu'ils auront pour but d'absorber l'élément grec que le gouvernement des sultans a laissé vivre et se développer.

Cet exposé des antécédents de la question d'Orient était nécessaire pour faire ressortir le changement qui s'est opéré dans les aspirations de la Grèce. Ce qu'on appelle la Grande Idée a eu sa raison d'être. Elle trouve dans l'histoire son explication et sa justification. Mais le cours des événements a changé la direction des aspirations grecques. L'Idée hellénique s'est dégagée de l'idée de rétablir l'Empire de Constantinople. C'est toujours une grande idée. Elle est d'autant plus forte qu'elle est moins étendue.

Plus cette idée prendra corps, plus elle empêchera les Grecs de se laisser aller à des rêves irréalisables. Le rôle de la Grèce est tout tracé pour elle, et c'est à ce rôle qu'elle s'est limitée durant ces cinquante dernières années. Elle s'est appliquée à développer ses ressources dans la mesure du possible ; elle a saisi toutes les occasions pour se compléter, par l'adjonction des autres pays grecs qui l'entourent, et qui désirent ardemment partager ses destinées. Ce programme a déjà reçu un commencement d'exécution ; les îles Ioniennes, la plaine de la Thessalie, une partie bien minime de l'Epire sont réunies à la Grèce libre, et ne s'en trouvent que mieux. Le reste de l'Epire, la Macédoine grecque, la Crète, attendent leur tour avec impatience.

Ces aspirations n'outrepassent pas les bornes d'une politique pratique et possible ; elles ne se heurtent point contre les aspirations légitimes des autres peuples de l'Orient. Les Grecs ne peuvent pas oublier que, par leur révolution, ils ont été les premiers à poser devant l'Europe le principe des nationalités, en donnant l'exemple à leurs frères d'infortune. Fidèles à ce principe, ils ont appelé de tous leurs vœux l'émancipation des autres races de la péninsule des Balkans, et ils ont vu, avec joie, cette émancipation s'accomplir graduellement. Ils ont été les premiers à acclamer la royauté roumaine ; ils ont vu avec une émotion fraternelle les efforts héroïques des Serbes et des Monténégrins couronnés de succès ; ils ont applaudi à l'émancipation des Bulgares. La formation de la principauté de Bulgarie et de celle de la Roumélie Orientale, — telle qu'elle avait été constituée par le traité de Berlin, avec des stipulations sauvegardant les intérêts de sa population hellénique, — n'était à leurs yeux qu'un pas de plus vers une solution équitable de la question d'Orient. Ils auraient vu avec une satisfaction égale et non moins sincère s'accomplir l'union de ces deux principautés, si par delà ce fait il n'y avait dans le coup d'État de Philippopoli, une menace non dissimulée contre l'hellénisme, une menace pour la paix future de l'Orient régénéré. Les Bulgares sont, à leur tour, dominés par une grande idée. (*Voir note* B.) Celle-ci n'est point fondée sur l'histoire ; il ne faut point en chercher les origines dans le passé ; elle s'appuie sur le concours d'une grande puissance qui a beaucoup fait pour la susciter, avec l'intention d'en faire son instrument. C'est ce qui en constitue la force et le danger. C'est là qu'il faut chercher l'explication de l'émotion causée en Serbie et en Grèce par ce commencement de réalisation du programme Bulgare.

On s'étonne et l'on se récrie au spectacle de la lutte fratricide qui vient d'éclater entre les Bulgares et les Serbes. La rivalité entre Bulgares et Grecs semble au contraire plus naturelle. On s'est assez accoutumé, depuis tantôt vingt années, au bruit des dissensions entre les Bulgares et le Patriarcat grec ; et, depuis le traité de San-Stefano, les prétentions des Bulgares sur la Macédoine grecque se sont assez fait jour, pour qu'il ne paraisse pas aussi étonnant de voir, en ce moment, les Grecs se lever en masse pour s'opposer aux desseins des Bulgares. Cependant du temps de la Révolution grecque, et plus tard encore, rien ne semblait présager une division entre Grecs et Bulgares. Au contraire, ceux-ci et leurs meilleurs amis voyaient l'avenir dans une union intime avec les Grecs. Un écrivain français qui a beaucoup étudié les Slaves, qui a vécu parmi eux, qui les aimait beaucoup et qui, à côté de quelques méprises et de quelques illusions, a porté un jugement juste et parfois prophétique sur ces questions alors naissantes, n'en pensait pas autrement. Voici ce que M. Cyprien Robert dit à ce sujet. Son livre « Les Slaves de Turquie » date de 1844 :

« Impuissante à former un État isolé, la Bul-
» garie a cependant assez de force pour re-
» pousser une union avec ses voisins, qui ne
» lui serait pas offerte à des conditions fédé-
» rales. C'est ce que les Serbes ne doivent ja-
» mais oublier, sous peine de perdre les sym-
» pathies des Bulgares. En effet, si les rapports
» de langue et d'origine établissent un lien né-
» cessaire entre les Serbes et les Bulgares, ces
» derniers par l'intérêt de leur commerce sont
» aussi puissamment attirés vers la Grèce. En
» outre, le cabinet d'Athènes est le seul parmi
» les gouvernements de la péninsule, qui ne
» puisse avoir sur la Bulgarie que des préten-
» tions éloignées ; la différence de nature entre

» les Bulgares et les Grecs rend précisément la
» rivalité entre eux presque impossible. Fier de
» ses facultés intellectuelles, c'est par elles que
» le Grec aspire à régner; le Bulgare, au con-
» traire, sentant sous ce rapport son insuffi-
» sance, est très disposé à recevoir l'impulsion
» des Hellènes pourvu qu'ils le laissent labourer
» et récolter en paix; or, les Grecs, marins et
» marchands, sont tout prêts à faire cette con-
» cession aux Bulgares, trop heureux d'avoir
» de bons voisins, qui exécutent à leur place
» les travaux champêtres et fournissent leurs
» fabriques de matières premières. Grâce à ce be-
» soin qu'ils éprouvent l'un de l'autre, les deux
» peuples fraternisent de plus en plus. Tous les
» Bulgares éclairés connaissent la langue grec-
» que; ils aiment à la parler comme à l'écrire;
» c'est, disent-ils, la langue de nos instituteurs,
» de ceux qui ont civilisé nos pères et qui nous
» rendront les arts que nous avons perdus. »
(Vol. Ier, page 323.)

Il ne faut pas oublier que cela était écrit en
1844 par un auteur, dont les sympathies pour
les Bulgares allaient jusqu'au point de leur vouloir donner, comme capitale de leur futur État,
rien moins que Salonique. Il ne peut donc
point être suspect de Philhellénisme.

Vingt ans plus tard, un autre observateur
français, notre regretté M. Albert Dumont, en
notant les progrès des Bulgares, n'en remarque

pas moins l'influence exercée sur eux par les
Grecs : « De tous les peuples qui habitent la
» Turquie d'Europe, dit-il, les Bulgares ont été
» jusqu'ici les plus paisibles ; ni l'exemple des
» Bosniaques et des Serbes, ni celui des Grecs
» et des Albanais, n'ont pu les engager à se ré-
» volter contre la Porte. Cependant, depuis dix
» ans environ, il s'accomplit en eux une révo-
» lution, ou plutôt un changement tout paci-
» fique, qui a déjà fait de singuliers progrès ;
» ils commencent à s'instruire, ils conçoivent
» l'espérance d'un avenir meilleur. C'est sur-
» tout dans cette province (la future Roumélie
» orientale) qu'il faut étudier ce mouvement,
» car c'est là qu'il a pris naissance, parce que
» le contact des Grecs, leur exemple d'activité
» et d'intelligence, ont stimulé les Bulgares. »
(*Le Balkan et l'Adriatique*, p. 130-131.)

Je cite ces auteurs français pour me mettre
tout à fait à l'abri. Cependant, j'aurais pu
ajouter le témoignage de mes propres souvenirs.
Dans mon enfance, j'ai connu plusieurs Bulgares. On ne les distinguait pas des Grecs ; ils
aimaient à se marier avec des femmes grecques,
et beaucoup d'enfants, issus de pareils mariages,
ont dû avoir quelque difficulté à apprendre leur
langue paternelle, avant d'être acceptés comme
de véritables Bulgares. Parmi les hommes âgés
qui jouent un rôle dans les deux principautés,
plusieurs, sinon la plupart, ont reçu une édu-

cation grecque dans les écoles de Constantinople, ou même à l'Université d'Athènes. Ils
ne devraient pas considérer cela comme un si
grand malheur, puisque leur réveil national est
dû aux influences grecques. Mais tout est changé
maintenant. Les jeunes générations ont été recevoir en Russie, ou ailleurs, leur éducation et
leurs inspirations. On ne parle plus grec, on se
cache même de l'avoir appris ; on ne veut plus
rien devoir à la Grèce.

Comment ce changement s'est-il produit ?
On en a voulu rechercher les causes dans la
prétendue tyrannie du clergé grec. Je n'ai point
l'intention de m'ériger ici en défenseur de ce
clergé ; je me permettrai seulement de rap-
peler qu'il n'y avait en Bulgarie, comme clergé
grec, que les évêques et archevêques nommés
par le Patriarcat et les quelques diacres qui
leur formaient une suite : le bas clergé était
bulgare ; l'office se faisait en slavon ; là où la
population était mêlée, il se faisait dans les deux
langues. J'admets que parmi ces évêques, il y
en eût beaucoup qui ne méritaient point le nom
de pasteur. Ces prélats, en Bulgarie ou ailleurs,
ne représentaient pas l'Hellénisme. Relevant du
Patriarcat, ils étaient revêtus d'une partie du
pouvoir temporel octroyé au Patriarche par
Mahomet II. Ils venaient exercer dans leurs
provinces la part d'autorité qu'ils recevaient des
mains des Turcs, ce qui entraînait, en même

temps, une part de tyrannie turque. Les Grecs n'en ont pas eu à souffrir moins que les Bulgares. Ceux-ci le savaient, et ils ne voyaient pas dans la vénalité de leur haut clergé une raison de s'éloigner des Grecs, même lorsqu'ils avaient déjà commencé à désirer la création d'une église bulgare. Le livre de M. Cyprien Robert en fait foi. Non. Cette question n'a été qu'un prétexte, dont on s'est habilement servi dans un but politique qui ne s'est dévoilé que peu à peu.

C'est depuis la guerre de Crimée que la Russie, arrêtée, un moment, dans l'exécution de ses desseins séculaires, prit les Bulgares sous sa protection exclusive. Les Grecs ne pouvaient plus lui servir en Orient; ils étaient trop entraînés du côté de l'Occident où les attiraient leurs instincts de race et tous leurs intérêts. Les Serbes étaient trop près de l'Autriche, et leurs traditions historiques les rendaient, malgré l'affinité de race, presqu'aussi difficiles à manier que les Grecs. Les Bulgares n'offraient point de pareils inconvénients. Pour les pousser en avant, on avait sous la main deux moyens puissants : le principe des nationalités et la question d'une église nationale. On en profita.

Le nom d'un diplomate devenu célèbre, celui du général Ignatief, est resté identifié avec cette phase de la politique russe. Je ne me charge point de la juger. Je me borne à constater qu'elle a été conduite avec une habileté consommée.

Le peuple bulgare a beaucoup de qualités. Il est docile, travailleur, paisible ; il vient de montrer qu'il sait aussi se battre. On lui a reproché de ne pas être un peuple intelligent. Je n'en veux rien croire ; mais, si cela était vrai, peut-être ne faudrait-il point en plaindre les Bulgares. Ce défaut ne leur aurait pas certainement nui, du moins dans la période récente de leur existence. Ce ne sont pas toujours les peuples les plus intelligents qui font le mieux leurs affaires, surtout en fait de politique extérieure. Faut-il aller jusqu'en Grèce pour en chercher les preuves ? Les affaires des Bulgares ont été si bien menées, qu'on pourrait les féliciter d'en avoir laissé le soin et la conduite à ceux qui s'en sont chargés, et qu'ils ont suivis sans les discuter.

Peut-être n'est-ce pas, de même, un désavantage que de ne pas être trop gêné par un passé glorieux. Seulement, il faut en prendre son parti et ne pas tomber dans les fautes des parvenus qui se veulent faire une généalogie. Il est beau d'avoir une histoire, mais il n'est pas moins beau de vouloir s'en faire une. Un peuple jeune a l'avenir devant lui ; et le peuple bulgare est jeune, quoiqu'il ne soit pas nouveau. Il y a déjà douze siècles qu'il s'est établi entre le Danube et les Balkans. Peut-être n'est-ce pas tout à fait de sa faute si son enfance a duré aussi longtemps.

Est-il d'origine Slave ou Touranienne ? La question me paraît oiseuse. Il parle une langue slave, il veut être slave, il est admis dans la confraternité des peuples slaves, cela doit nous suffire. Nous devons considérer les Bulgares comme Slaves, et les accepter comme tels, en examinant leur histoire, leur état actuel et leurs aspirations.

Cet examen a été fait jusqu'ici presqu'exclusivement par des Slaves ou des slavisants, pleins de sympathie pour les Bulgares. Loin de moi la pensée de mettre, pour cela, en question, la science et la bonne foi de ces savants. Il est si naturel, il est même si noble, de se laisser aller à un enthousiasme généreux, lorsqu'on se fait le défenseur d'une cause, et surtout d'une cause qui traverse une période de crise et qui n'est pas encore tout à fait gagnée. Mais le moindre danger d'un pareil enthousiasme, c'est de nous porter à jeter sur les choses une teinte conforme à nos prédilections, même sans qu'il soit dans nos intentions d'en changer du tout la couleur. Et, puisque je parle de couleur, permettez-moi de vous signaler, comme un exemple, les cartes que l'on nous montre, avec les couleurs bulgares recouvrant des contrées

aussi grecques que la Macédoine méridionale,
y compris la péninsule Chalcidique et le mont
Athos lui-même (*voir note* E). On me dira, peut-
être, que les Grecs ont été les premiers à
publier des cartes ethnographiques, avec une
application de couleurs helléniques non moins
exagérée. J'avoue que j'aurais quelque difficulté
à réfuter une telle objection. Je dirai seulement
que l'expérience des Grecs aurait dû profiter
aux géographes bulgares ou bulgarisants, en
leur montrant qu'il ne suffit pas de passer une
couleur sur une carte, pour changer la nationalité d'un pays.

Il en est un peu de même pour la statistique.
On nous répète de toutes parts qu'il y a cinq
millions de Bulgares; mais d'après les statistiques officielles [1], — qui, soit dit en passant,
sont basées sur les dénombrements opérés par
les Bulgares eux-mêmes, — la population de la
principauté de Bulgarie est de 1,998,983 âmes,
dont 66 p. o/o de nationalité bulgare; ce qui
nous ferait 1,319,500 Bulgares; celle de la Roumélie orientale se monte à 815,946 âmes, dont
70 p. o/o de nationalité bulgare, soit 561,000.
Ainsi, de deux côtés des Balkans, il y aurait
1,880,500 Bulgares ; ou si nous prenons la to-
talité de la population, sans distinction de race,

1. Voir Otto Hübner, *Géographisch-statistische Ta-
bellen*. W. Rommel. Francfort. 1885.

il y a dans les deux principautés 2,815,000 habitants. Où sont les autres millions ? Il serait fort difficile d'avoir des notions exactes sur la population de ce qu'on appelle Macédoine, en étendant les limites de cette province bien au-delà de ce qu'elle occupe dans la géographie grecque. Mais si l'on y devait chercher le complément des cinq millions de Bulgares, on ne les y trouverait certainement pas. Déjà, en 1844, M. Cyprien Robert fixait à quatre millions et demi le nombre des Bulgares. Si le fait était vrai alors, leur nombre aurait dû être doublé maintenant. Il est heureux que l'on se soit arrêté au chiffre de cinq millions.

Il y a, dans le livre de M. Cyprien Robert, une anecdote d'une naïveté charmante, qui peut donner la clef de ces statistiques exagérées. « Durant les premiers mois de mon séjour » parmi les Bulgares, dit-il, à leurs questions » continuelles d'où je venais, je répondais : » — Du Frankistan. — Tu es heureux, frère, » s'écriaient-ils ; dans ton pays, il n'y a que » des Bulgares. — Des Bulgares ! je n'en ai » pas vu un seul. — Quoi ! pas de Bulgares au » pays des Francs ? Et toi, n'es-tu donc pas Bul- » gare ? — Nullement ! A cette déclaration je les » voyais baisser tristement la tête et ils ne di- » saient plus mot. Je n'arrivai que bien tard, et » après plus d'une semblable expérience, à » comprendre que, dans leur esprit, le nom de

» Bulgare désigne toutes les nations chré-
» tiennes, par opposition aux nations musul-
» manes. » (Vol. Ier, page 248.)

A ce compte-là, on ne saurait dire où pourront s'arrêter les prétentions bulgares.

Pour en revenir à l'histoire des Bulgares, je
crois qu'elle peut se résumer en quelques mots :
depuis l'an 679, époque de leur établissement,
jusqu'en 1382, lorsque la conquête ottomane
engloutit la Bulgarie, il y a eu, à trois re-
prises, un royaume bulgare. Le premier, celui
du tzar Siméon, a été renversé par l'empereur
Jean Zimiskès ; le second, celui de Samuel,
par Basile II ; le troisième, celui de Jean Aslan,
par le sultan Bajazet. Durant ces trois périodes,
la frontière bulgare s'est plus d'une fois mo-
mentanément étendue au sud des Balkans, jus-
que dans les contrées grecques ; mais jamais
elle ne put atteindre le littoral de la mer Egée.
Même pendant le chaos produit par la IVe croisade, Salonique passa souvent des mains des
Grecs à celles des Francs, mais jamais, au
grand jamais, les Bulgares n'y mirent le pied[1].
Depuis le temps de Bajazet jusqu'à nos jours,
la souveraineté de la Turquie n'a jamais été
troublée en Bulgarie. Il n'y eut jamais de révolte. On a voulu faire du fameux Paswan-

1. V. Freeman. *Historical Geography of Europe.*

Oglou, un révolté bulgare ; mais ce musulman, qui a fini par être nommé, par la Porte, vizir de Widdin, se préoccupait de l'autonomie bulgare autant qu'Ali, pacha de Janina, se souciait de l'indépendance grecque. La Bulgarie n'a commencé à se réveiller qu'à partir de la Révolution grecque. Ce réveil ne fut point rapide. L'apparition de l'armée russe en Bulgarie, dans la campagne de 1828, ne la trouva pas encore disposée à se soulever. Un officier anglais, le capitaine Chesney, qui, après une tournée de trois mois, fit, à l'intention du duc de Wellington, un rapport détaillé sur cette campagne, ne cite qu'un seul village où les Turcs, ayant mis le feu aux maisons des Bulgares, ceux-ci, à l'approche des Russes, détruisirent à leur tour les maisons turques, et où soixante d'entre eux prirent les armes. « Ailleurs, continue l'officier
» anglais, les Bulgares n'ont montré aucune
» disposition à se joindre aux Russes, et ils
» n'en auront pas davantage dans le cas d'une
» guerre future. Quelque conflit qui puisse sur-
» gir, le Bulgare, d'après toutes les apparences,
» se contentera de cultiver passivement le sol,
» de soigner son troupeau et de se suffire de la
» mesure d'abondance qu'il trouve dans sa
» chaumière à demi enfouie sous la terre [1]. »

1. *Despatches, etc., of the Duke of Wellington*, vol. VI, page 483.

On voit que le capitaine Chesney n'avait pas le don de prophétie.

Ce n'est que depuis une trentaine d'années que le nom de la Bulgarie, grâce à la Russie, a de nouveau retenti dans le monde. Ainsi que nous l'avons déjà dit, on commença par la question de l'Eglise. Les plaintes légitimes des Bulgares auraient pu être satisfaites par la nomination de prélats de nationalité slave, là où l'élément bulgare prédominait. Mais il s'agissait de quelque chose de plus que de s'affranchir de la suprématie du haut clergé grec. On voulait la création d'une Eglise nationale, séparée de l'Eglise grecque de Constantinople. Celle-ci admet l'existence des Eglises nationales dans les Etats indépendants ; mais tant que les Bulgares étaient soumis à la Porte, le patriarcat œcuménique ne pouvait accepter la formation d'une seconde Eglise orthodoxe en Turquie. Il se retranchait derrière les conciles, qui interdisent formellement l'existence de deux chefs pour une seule et même communauté, de même qu'ils n'admettent pas qu'il puisse y avoir un chef pour deux églises. On passa outre. Le gouvernement turc, croyant voir son intérêt dans la division des Grecs et des Bulgares, se prêta aux plans de la diplomatie russe. L'Eglise bulgare fut reconnue par la Porte ; l'exarcat bulgare fut érigé à Constantinople même, comme une menace perpétuelle contre le patriarcat grec. (*V. note* C.)

Une fois la Bulgarie et la Roumélie orientale
constituées en principautés, le Patriarcat n'eût
pas mieux demandé que de reconnaître l'église
bulgare au même titre que les églises russe,
grecque, serbe ou roumaine. Cela ne faisait pas
le compte de ceux qui menaient les affaires bulgares. Ils ne veulent pas circonscrire l'église
bulgare dans les limites des deux Bulgaries ; il
faut qu'elle s'étende partout où il y a des Bulgares. Et il y a des Bulgares partout ; vous avez
vu ce qu'en pensaient les interlocuteurs de
M. Cyprien Robert.

Cela a été un grand malheur que de laisser
l'élément religieux se greffer sur les rivalités
que la diversité de race ou les conflits des intérêts pouvaient déjà susciter dans l'Orient chrétien. Nous voyons, par ce qui se passe actuellement, sous nos yeux, jusqu'où ces rivalités
peuvent aller. Il faut espérer qu'elles s'apaise-
ront avec le temps. Au milieu même des conflits
de l'heure présente, il y a des symptômes d'où
l'on peut, je crois, tirer des conclusions ras-
surantes pour l'avenir. La question d'équilibre
(*voir note* D) domine la question de race. Les
Serbes et les Bulgares, Slaves tous les deux, en
sont arrivés au point de se faire la guerre, tandis que nous avons vu les Slaves de la Serbie
en alliance, de fait sinon écrite, avec les Hellènes (*voir note* E). Les intérêts mal compris

divisent ces peuples ; leurs intérêts mieux compris les rapprocheront. Il y a dans la péninsule des Balkans de la place pour tous, et leurs aspirations peuvent se combiner dans une entente commune, sans se heurter, du moment qu'ils voudront entrer dans la voie des compromis et de la conciliation.

Les aspirations grecques ne mettront pas obstacle à cette entente. La Grèce n'élève pas de prétentions excessives. La grande idée de la résurrection de l'empire grec peut encore enflammer quelques âmes généreuses, quelques imaginations ardentes qui trouvent plaisir à se nourrir des rêves du passé ; mais elle a, depuis longtemps, cessé de guider les pensées de ceux qui dirigent les destinées de la Grèce (*voir note* F) ; elle n'inspire plus les actes de notre politique nationale ; ce n'est pas pour ériger un empire grec à Constantinople que le peuple Grec est prêt à se lever comme un seul homme. Ce à quoi nos efforts et nos aspirations tendront toujours, c'est à la formation d'un État grec dont la frontière septentrionale, partant d'un point de l'Adriatique, au-dessus de Corfou, irait aboutir dans la mer Egée, au-delà de la Chalcidique, englobant la partie grecque de la Macédoine ; l'île de Crète formerait au midi la limite de cet État. Une Albanie autonome, ou réunie à la Grèce par des liens de confraternité, nous séparerait du Monténégro.

agrandi. La Serbie élargie toucherait à nos frontières. Les deux Bulgaries réunies s'annexeraient les contrées véritablement peuplées de Bulgares, qui les avoisinent.

Voilà jusqu'où vont les aspirations grecques. Cela ne veut pas dire que la Grèce, ainsi constituée, cesserait de se préoccuper du sort des autres Hellènes. Elle ne pourrait oublier les liens qui la rattachent à ses enfants qui resteraient en Europe en dehors du royaume grec ou à ceux plus nombreux encore de l'Asie Mineure. Mais l'idée de les réunir tous en un État serait aussi impraticable actuellement que dans l'antiquité. Dans la période classique de la Grèce, la race grecque, occupant alors la même étendue géographique qu'aujourd'hui (en laissant de côté ses colonies occidentales disparues), sans constituer un seul État, n'en formait pas moins un tout, un ensemble, qui était l'Hellénisme. Il en peut être de même encore. Si ces Grecs devaient être absorbés dans une Bulgarie démesurément agrandie ou dans une Russie transplantée sur le Bosphore, ils pourraient être à jamais perdus pour la Grèce. Sous le gouvernement de la Porte, ils auront toute garantie de conserver intacte leur nationalité. Les changements opérés dans le régime turc depuis la révolution grecque, l'adoucissement des mœurs, l'absence de tout esprit de prosélytisme en face de religions différentes, les traditions gouvernementales et les intérêts même de la Turquie, tout semble garantir un libre épanouissement à cette partie de l'Hellénisme qui devra rester sous l'administration turque, tant en Asie qu'en Europe.

Car, je crois que la Turquie est destinée à rester encore en Europe. Abandonnant les provinces occidentales, qui font sa faiblesse, elle se concentrera en Thrace. S'appuyant sur l'Asie, libre des inquiétudes que lui causent les pays dont le traité de Berlin lui a encore laissé la possession, elle pourra se refaire à Constantinople une longue ère de prospérité. Les rivalités même des autres États de la péninsule des Balkans lui assureraient sa stabilité. La possession de Constantinople a toujours été la grande difficulté de la question d'Orient. Le même antagonisme des puissances chrétiennes, qui autrefois affermit la conquête ottomane, qui, depuis Pierre le Grand jusqu'à nos jours, a prolongé l'existence de la Turquie, continuera à lui servir, et à lui servir mieux que jamais, durant cette nouvelle période d'existence qui nous paraît lui être réservée. Elle aura, dans les nouveaux États qui l'environneront, autant d'alliés que de soutiens. Alors il pourra y avoir, dans la péninsule des Balkans, une véritable confédération d'États indépendants et satisfaits, unis les uns aux autres par leurs intérêts, ne tournant désormais leurs efforts que dans la voie du progrès et de la civilisation, et la question d'Orient cessera de préoccuper et d'inquiéter l'Europe.

En retraçant un tableau si optimisme de l'avenir, je n'oublie pas les anxiétés de l'heure présente. Nous nous trouvons au milieu et à la veille d'événements, dont nul ne pourrait prédire l'issue et les conséquences. Nous sommes en face de l'inconnu. Mais, quoi qu'il arrive, quelques épreuves que le sort nous réserve encore, il y a et il restera là-bas, dans cet Orient chrétien, des droits basés sur la justice. Ceux-ci sont bien autrement puissants et durables que les droits basés sur les traités, c'est-à-dire sur la force. La consolation de ceux qui la subissent est de croire que la force ne prime pas pour toujours le droit. C'est sur cette croyance que les Grecs ont, durant tant de siècles d'infortune, fondé leurs espérances. C'est là qu'ils continueront à puiser des forces, si leurs efforts sont destinés à rester encore stériles. Ils croient fermement à la justice de leur cause et ils ne cesseront jamais d'espérer.

APPENDICE

La facilité avec laquelle s'opéra la conquête de la Morée par les Francs, lors de la quatrième croisade, n'est point due à un manque d'esprit guerrier de la part de ses habitants; elle n'est qu'une preuve de plus de la faiblesse des liens qui rattachaient les Hellènes à l'empire de Constantinople. « Ils opposèrent d'abord de la résistance aux progrès des Francs, et leur soumission fut un effet de leur prudence. . . Les harangues conciliatrices de Geoffroy de Villehardouin contribuèrent, encore plus que la force de ses armes, à soumettre les Moréotes, qui ne tolérèrent d'ailleurs aucun acte d'oppression. » *(Voir dans la* Revue du monde latin *les intéressants articles de M*me *la baronne de Guldencrone, sous le titre* « L'Achaïe féodale »).

Note B.

Rien ne saurait donner une meilleure idée de ce qu'est la grande idée bulgare, qu'un petit livre publié à Philippopoli et distribué gratuitement à l'occasion du millenaire des saints Cyrille et Méthode, sous ce titre : « La Macédoine au millenaire de saint Méthode, ou exposition de l'état actuel du bulgarisme en Macédoine. » Ce livre a été traduit en grec. Il part de ce principe, que la Macédoine est une contrée bulgare que les Grecs tâchent d'helléniser. On y parle de Cyrille et de Méthode comme s'ils étaient des Slaves. Salonique fut leur berceau ; or, Salonique doit être Bulgare. « L'avenir de la Bul- » garie est dans la Macédoine, dans le relèvement » des Bulgares macédoniens. C'est à cela que nous » devons travailler ; car notre grandeur, notre unité » future, notre intégrité nationale, notre existence » comme État, ne sont que là. Sans la Macédoine, » un État bulgare, dans la péninsule des Balkans, » serait sans importance et sans valeur. Salonique » doit être la porte principale de cet État ; elle doit » être la fenêtre principale qui éclairera cet édifice. » Si la Macédoine ne devient pas bulgare, la Bul- » garie n'est pas constituée. Voilà ce qu'il faut sa- » voir et ne jamais oublier. » *(Page 7 de la traduc-* » *tion grecque.)*

Cependant, il paraît que la Macédoine n'est pas encore tout à fait bulgare. « Il est une chose triste et » humiliante à dire, mais qu'il faut reconnaître : la

» plus grande partie de la Macédoine n'a pas en-
» core cette conscience de sa nationalité qui est
» nécessaire à un peuple pour qu'il puisse réclamer
» hautement ses droits. Si l'Europe s'avisait de de-
» mander aujourd'hui à la population de la Macé-
» doine de déclarer à quelle nationalité elle appar-
» tient, il serait fort à craindre que la plus grande
» partie nous échappât » (p. 91). Il va sans dire que
ce résultat ne serait dû qu'à l'oppression et aux in-
trigues des Grecs. Mais « dix ou même cinq années
» bien employées suffiraient pour qu'aucune puis-
» sance ne pût empêcher la Bulgarie du traité de
» San Stefano de devenir une réalité ». (Page 97.)

Du reste, il ne s'agit pas de la Macédoine seule.
Si Méthode et Cyrille sont des Slaves, on n'oublie
pas non plus que l'empereur Justinien est né à
Ochride. On ne parle pas encore de Constantinople,
mais on veut que l'exarcat bulgare y reste. « On
» ne permettra jamais qu'il en soit expulsé. Le
» chef spirituel doit être près de son troupeau. »
Pour le moment, il faut agir en Macédoine ; le
tour de la Thrace et du reste viendra plus tard.
On se borne seulement à réclamer la circonscription d'Andrinople. « Cette circonscription et la Ma-
» cédoine sont des pays bulgares et ne peuvent
» appartenir qu'aux Bulgares ».

Je ne parle point ici des prétentions bulgares en
ce qui touche la Serbie. Je me limite à ce qui a trait
à la Grèce.

Note C.

La question de l'Église bulgare a pris naissance en 1856. La première manifestation en a été l'adresse au Sultan d'une supplique, dont les signataires, s'intitulant les représentants du peuple bulgare, demandaient, en substance, qu'on octroyât aux Bulgares (comme s'ils constituaient déjà un corps séparé dans l'empire ottoman), les privilèges dont jouissait le Patriarcat Œcuménique ; que leur Église fût reconnue par la Porte comme une institution indépendante, aux mêmes titres que l'Église patriarcale, et qu'on lui accordât le droit d'établir, comme elle, son centre à Constantinople même. Quatre ans après, le 3 avril 1860, Mgr Hilarion, officiant dans l'église de Saint-Étienne, à Ortakieui de Constantinople, déclara l'indépendance de l'Église bulgare, en omettant de citer dans les prières publiques le nom du patriarche de Constantinople. Ce fait, par lui-même, constitue un schisme, d'après les canons sacrés, et comporte l'excommunication.

C'est en 1870 que fut enfin publié par la Porte le firman autorisant l'institution de l'Exarcat bulgare. Le Patriarcat, poussé à bout, proclama alors le schisme, déclarant ainsi les Bulgares en dehors de l'Église grecque. D'après le droit établi en Turquie, le schisme une fois accompli, les Bulgares auraient dû être astreints à adopter dans l'habillement de leurs prêtres, des signes distinctifs, afin de rendre la séparation visible aux yeux des populations, qui auraient ainsi été moins promptes à se détacher de l'Église, représentée, depuis tant de siècles, par le Patriarcat. La reconnaissance officielle du schisme aurait, de plus, mis obstacle à l'appropriation par les Bulgares des édifices ecclésiastiques ou scolaires, dépendant du Patriarcat. C'étaient autant de raisons pour s'opposer à ce que le schisme fût reconnu par la Porte. En effet, subissant l'influence exercée sur elle du dehors, celle-ci ne l'a pas encore jusqu'à ce jour reconnu. Pour les mêmes raisons, on n'a pas cessé d'agir sur le Patriarcat pour faire lever le schisme, ce qui augmenterait les chances de la propagande panslaviste auprès des populations de la Macédoine et de la Thrace. L'Exarcat ne cache point son dessein d'y établir des évêques bulgares aussitôt qu'il le pourrait. Du reste, durant tout ce temps, on a tout fait pour affaiblir le Patriarcat. On a voulu l'appauvrir pour lui ôter les moyens de résister. Ses biens, situés en Valachie, ont été confisqués par le gouvernement du prince Couza. Cette mesure fut alors attribuée à une influence étrangère. La confiscation par le gouvernement russe des propriétés, appartenant à l'Église grecque, situées en Bessarabie, n'était pas faite pour réfuter cette supposition.

Et pourtant, malgré tout, il paraît que la bulgarisation de la Macédoine ne marche pas aussi vite et aussi facilement qu'on l'aurait pu souhaiter. Nous en trouvons l'aveu dans la brochure déjà citée : « Il » y a beaucoup d'exemples, y est-il dit, de ce fait : » que les Bulgares (?) de la Macédoine et d'An- » drinople (lisez Thrace), ne répudient leurs évê- » ques grecs pour reconnaître l'Exarcat bulgare,

» qu'à la condition de n'avoir rien à payer. C'est
» triste, mais vrai. Il est plus que certain que si
» l'Exarcat voulait imposer à ces Bulgares le
» moindre impôt ecclésiastique, plusieurs recon-
» naîtraient l'évêque grec. » (*La Macédoine au millé-
naire de Méthode*, p. 66.)

———

Note D.

On s'est un peu moqué de l'idée d'équilibre émise
par les petits États des Balkans. Et pourtant cet
équilibre est un élément indispensable pour la paix
future de l'Orient. Dans les délibérations des puissances rassemblées à Berlin, ce principe tint une
place considérable. On y délimita la Serbie, la principauté de Bulgarie et la Grèce, de façon à ce que
chacun de ces États contînt une population d'environ deux millions d'habitants. Du reste, M. Kal-
noky, dans son discours, du 7 novembre, devant la
Délégation autrichienne, l'a dit expressément : « Le
traité de Berlin avait certainement pour but d'établir une sorte d'équilibre dans les États des Balkans,
et cet équilibre ne pourrait pas être détruit par un
de ces Etats, à son avantage exclusif, sans susciter
des susceptibilités légitimes chez ses voisins. Si le
mouvement bulgare, a-t-il ajouté, s'étendait de la
Roumélie à la Macédoine, les intérêts de la Grèce
seraient indubitablement mis en péril. »

———

Note E.

Voici, au sujet des dissentiments entre Bulgares et Serbes, quelques extraits d'une conversation de M. Mijalovics, ministre de Serbie en Angleterre, publiée dans le *Sunday Times* de Londres, du 25 octobre dernier, et qui n'ont plus en ce moment qu'un intérêt rétrospectif. Le représentant de ce journal a successivement recueilli les opinions de trois diplomates, représentant la Serbie, la Bulgarie et la Grèce, Le compte rendu de ces trois visites est plein d'intérêt. On y trouve exposées les vues de chacun de ces États. Je me borne, ici, à citer les paroles du ministre de la Serbie : « La Serbie, a-t-il dit, dans la situation actuelle des choses, est poussée par deux considérations. En premier lieu, nous avons toujours pensé, et nous pensons aujourd'hui plus que jamais, qu'un équilibre politique, établi d'après des conditions ethniques, est une nécessité absolue pour la paix et pour l'indépendance des États des Balkans. En second lieu, les Bulgares, durant les sept années de leur existence politique, se sont comportés envers la Serbie de façon à ce qu'il nous soit devenu impossible d'envisager avec confiance leur agrandissement... Ce n'est point contre l'union des deux principautés que nous nous sommes levés, car, nous croyons que cette union se fera tôt ou tard. Nous nous sommes levés à cause de l'esprit hostile que les Bulgares n'ont cessé de témoigner à notre égard (suit une énumération des griefs de la Serbie).

On vient de publier récemment, à Sofia, une carte
représentant les limites de la Grande-Bulgarie, au
point de vue bulgare. Ces limites comprennent non
seulement la Macédoine tout entière jusqu'à Ochride,
à l'ouest, et Salonique, au sud, non seulement la
vieille Serbie, mais aussi cette portion du royaume
Serbe, qui est à l'est de la rivière Morava... Tout
cela peut être oublié avec un peu de bonne volonté,
des deux côtés... pour arriver à une entente du-
rable, qui est absolument nécessaire pour garantir la
sécurité des Serbes et des Bulgares contre les desseins étrangers. Quant aux Grecs, nous avons toujours été avec eux en amitié constante. L'alliance
avec la Grèce ne nous est pas seulement opportune
en ce moment; elle forme la base de notre politique
future. Nos intérêts réciproques ne se heurtent point
en Macédoine, et l'alliance de la Grèce nous est de
si grande importance que nous lui concéderions volontiers quelques parties de la Macédoine, où ethno-
graphiquement nous avons des droits indiscutables.
Les Serbes redoutent autant que les Grecs l'établissement à Constantinople d'un empire panslaviste.
C'est pourquoi nous désirons que le Sultan y reste
aussi longtemps que possible. Unis aux Grecs, nous
espérons pouvoir empêcher les Bulgares de devenir
les instruments du panslavisme. Avec les Grecs
comme alliés, nous espérons pouvoir former la base
de la confédération future des États des Balkans.
Cette alliance (qui, sans être écrite, existe de fait)
sera toujours ouverte aux Bulgares; ils pourront y
entrer lorsqu'ils voudront agir comme une nation
indépendante, affranchie de la direction panslaviste
et ne désirant s'annexer que ce qui est véritablement

bulgare, sans vouloir empiéter sur les droits de leurs voisins. »

Note F.

Il n'est pas, je crois, sans intérêt de voir ce qu'un homme d'État grec, de la valeur de M. Tricoupis, aujourd'hui dégagé de toute responsabilité gouvernementale, pense sur l'étendue des aspirations grecques. Durant son récent séjour à Londres, il a reçu la visite d'un des rédacteurs du journal *Pall Mall Gazette*, qui a résumé comme suit sa conversation : « La Grèce, dit M. Tricoupis, est intéressée, à quatre points de vue, dans la crise actuelle. Sa première préoccupation doit être la population grecque de la Roumélie orientale, qui serait absorbée par les Bulgares, si les puissances reconnaissaient l'union de la Roumélie avec la principauté de Bulgarie. En second lieu, la Grèce s'intéresse à la Macédoine, qui peut être divisée en trois parties : la Macédoine méridionale qui est et qui restera grecque, quoi qu'il advienne ; celle du centre qui contient une population grecque, et celle du nord qui n'est point peuplée de Grecs. C'est la Macédoine centrale qui intéresse la Grèce. Ses habitants reconnaissent le patriarche de Constantinople et non point l'exarque bulgare, mais comme l'Hellénisme n'y forme pas une masse compacte, il est presque certain que si le pays tombe au pouvoir de la Serbie ou de la Bulgarie, la population y deviendra slave, tandis que s'il était occupé par la Grèce, elle deviendra tout entière grecque.

» En troisième lieu, la Grèce s'intéresse au sort de Janina, dont il a été tant question au congrès de Berlin. Et en quatrième lieu, elle s'intéresse à la Crète, dont la population est grecque de race et de religion pour les trois quarts, tandis que l'autre quart se compose de Grecs qui, du temps de la conquête de l'île par les Turcs, ont embrassé l'islamisme. »

Dans le *Pall Mall Gazette* du 18 novembre, on trouvera une autre conversation du rédacteur de ce journal avec M. Gennadius, chargé d'affaires de Grèce à Londres, qui s'est exprimé, plus au long dans le même sens. Les paroles de M. Gennadius ont d'autant plus d'importance qu'il représente à Londres le gouvernement de M. Delyanni.

FIN.

*Achevé d'imprimer
pour le Cercle Saint-Simon
par Cerf et Fils, à Versailles,
le 5 décembre 1885.*

www.ingramcontent.com/pod-product-compliance
Lightning Source LLC
LaVergne TN
LVHW010325030726
842520LV00004B/1278